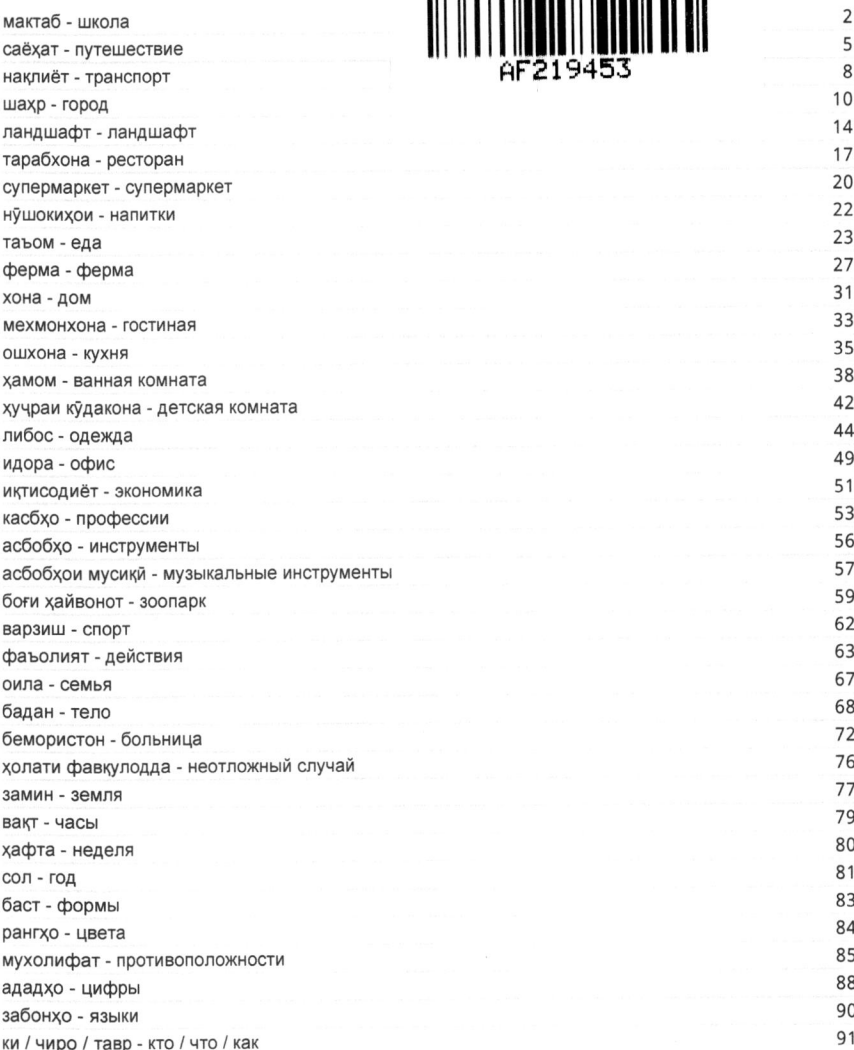

AF219453

Impressum
Verlag: BABADADA GmbH, Nedderfeld 112 , 22529 Hamburg
Geschäftsführer / Verlagsleitung: Harald Hof
Druck: Books on Demand GmbH, In de Tarpen 42, 22848 Norderstedt

Imprint
Publisher: BABADADA GmbH, Nedderfeld 112 , 22529 Hamburg, Germany
Managing Director / Publishing direction: Harald Hof
Print: Books on Demand GmbH, In de Tarpen 42, 22848 Norderstedt, Germany

мактаб

школа

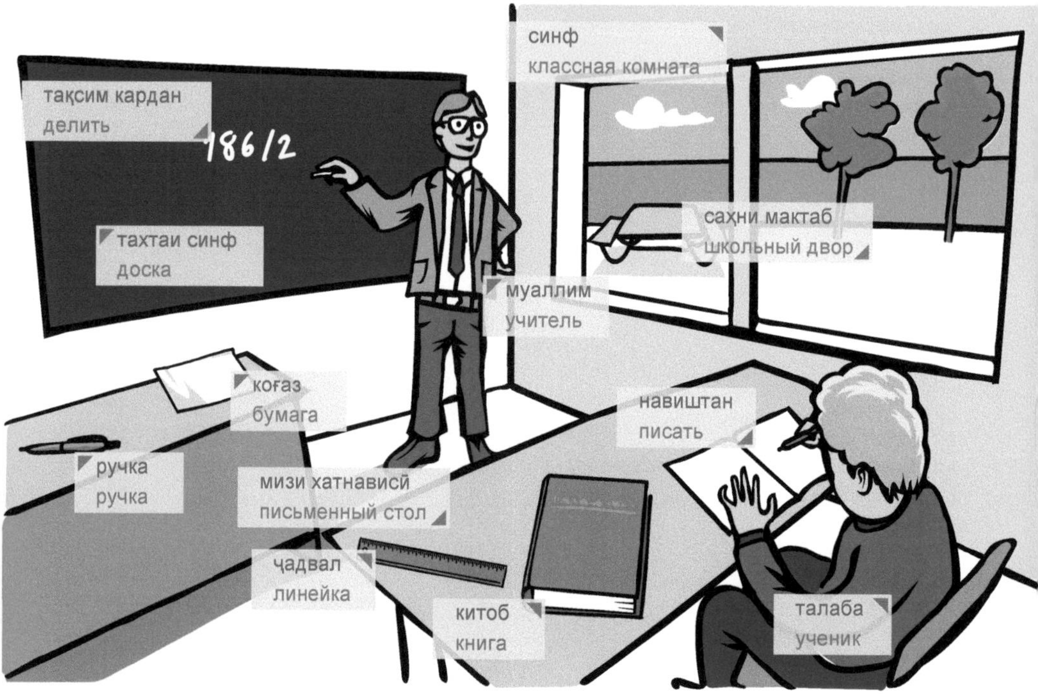
синф
классная комната
тақсим кардан
делить
186/2
тахтаи синф
доска
саҳни мактаб
школьный двор
муаллим
учитель
коғаз
бумага
навиштан
писать
ручка
ручка
мизи хатнависӣ
письменный стол
ҷадвал
линейка
китоб
книга
талаба
ученик

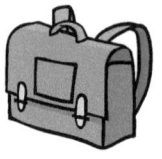

ҷузвдон

ранец

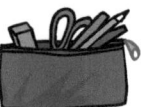

қаламдон

пенал

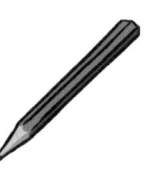

қалам

карандаш

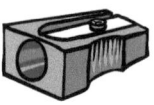

қаламтезкунак

точилка

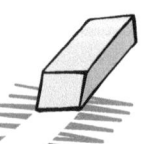

хаткуркунак

ластик

блокноти расмкашӣ

альбом для рисования

расм

рисунок

мӯқалами рассомӣ

кисточка

қуттии рангҳо

коробка красок

қайчӣ

ножницы

ширеш

клей

дафтари машқ

тетрадь

вазифаи хонагӣ

домашняя работа

рақам

цифра

ҷамъ кардан

прибавлять

кам кардан

вычитать

зарб задан

умножать

ҳисоб кардан

считать

ҳарф

буква

алфавит

алфавит

калима

слово

матн

текст

хондан

читать

бӯр

мел

дарс

урок

журнали синфӣ

классный журнал

имтиҳон

экзамен

шаҳодатнома

диплом

либоси мактабӣ

школьная форма

таҳсил/маориф

образование

энсиклопедия

энциклопедия

донишгоҳ

университет

микроскоп (more frequently used)

микроскоп

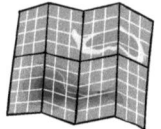

харита

карта

сабади партофҳои коғазӣ

корзина для бумаг

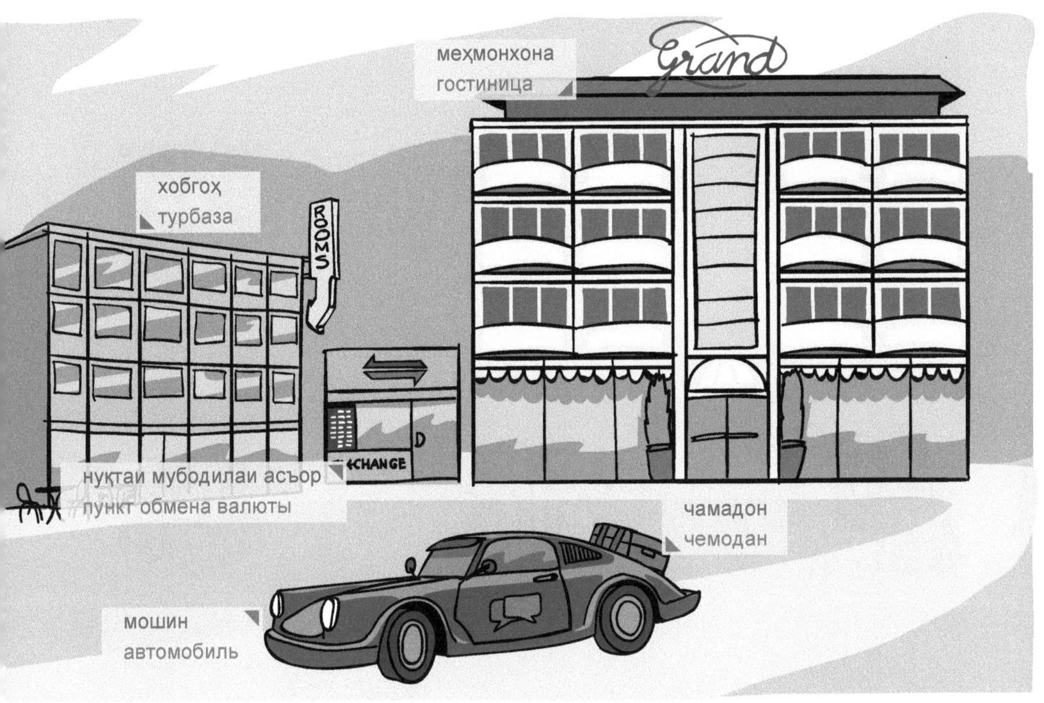

меҳмонхона
гостиница
Grand
хобгоҳ
турбаза
ROOMS
EXCHANGE
нуқтаи мубодилаи асъор
пункт обмена валюты
чамадон
чемодан
мошин
автомобиль

забон

язык

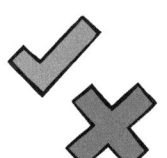

ҳа / не

да / нет

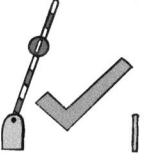

Хуб

хорошо

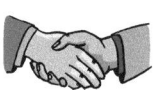

Ассалому алейкум

Привет

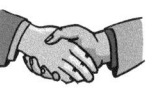

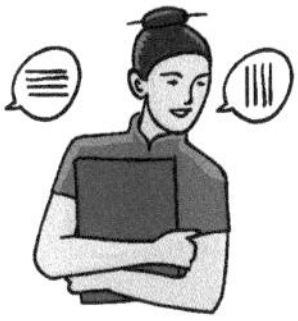

тарҷумон

переводчик

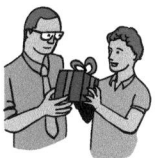

Раҳмат

Спасибо

чӣ қадар аст ...?

Сколько стоит...?

Ман намефаҳмам

Я не понимаю

проблема

проблема

шаб ба хайр!

Добрый вечер!

субҳ ба хайр

Доброе утро!

шаби хуш

Доброй ночи!

хайр

До свидания

равона

направление

бағоҷ

багаж

ҷузвдон

сумка

борхалта

рюкзак

меҳмон

гость

хона

комната

хобхалта

спальный мешок

хайма

палатка

маълумоти сайёҳӣ

туристическая
информация

соҳил

пляж

корти кредитӣ

кредитная карточка

наҳорӣ

завтрак

хӯроки пешин

обед

хӯроки шом

ужин

чипта

билет

лифт

лифт

марка

почтовая марка

сарҳад

граница

Гумрук

таможня

сафорат

посольство

раводид

виза

шиносома

паспорт

наклиёт

транспорт

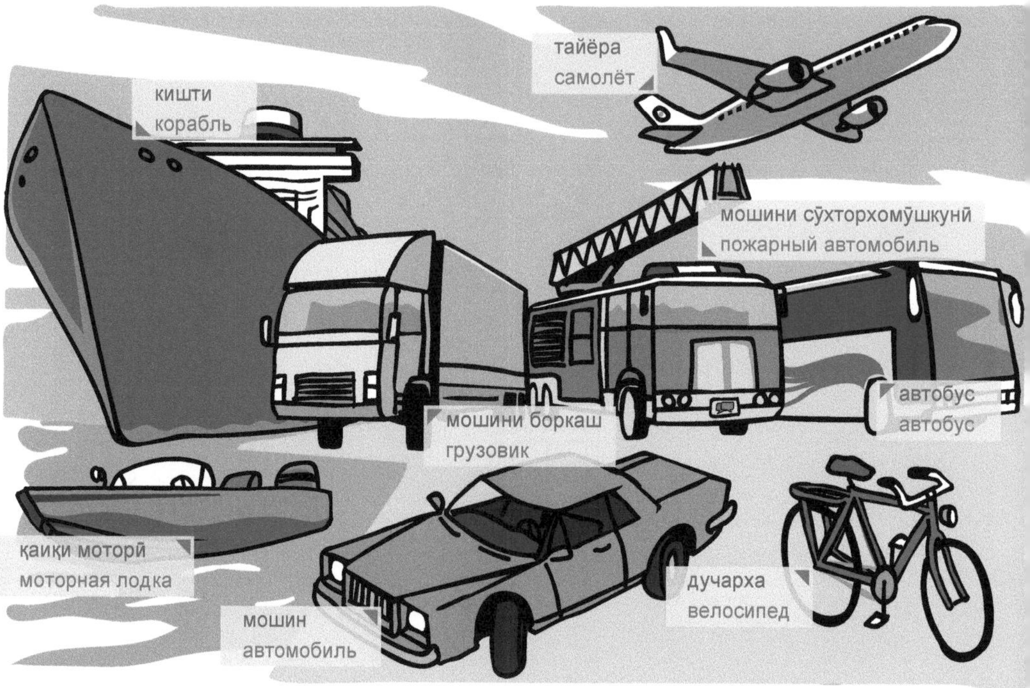

тайёра
самолёт
кишти
корабль
мошини сӯхторхомӯшкунӣ
пожарный автомобиль
автобус
автобус
мошини боркаш
грузовик
қаиқи моторӣ
моторная лодка
дучарха
велосипед
мошин
автомобиль

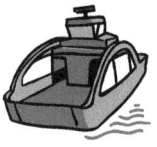

паром

паром

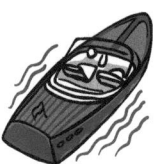

қаиқ

лодка

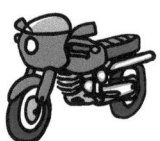

мотосикл

мотоцикл

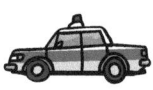

мошини полис

полицейский автомобиль

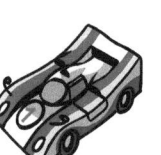

мошини тезрави пойгаи

гоночный автомобиль

кироям мошинҳо

арендованный автомобиль

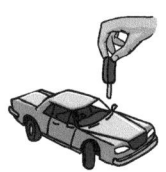

ҳамроҳ истифодабарии
мошин

совместное пользование
автомобилями

эвакуатор

буксировочный
автомобиль

павтовчамъкунӣ

мусоровоз

муҳаррик

двигатель

сӯзишворӣ

топливо

нуқтаи фурӯши сӯзишворӣ

заправка

аломати роҳ

дорожный знак

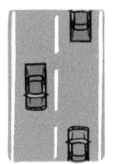

ҳаракат

движение

бандшавии ҳаракати роҳ

пробка

ҷои исти мошинҳо

автостоянка

истгоҳи роҳи оҳан

вокзал

роҳи оҳан

рельсы

қатора

поезд

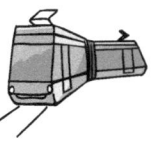

тамвай

трамвай

вагон

вагон

чархбол

вертолёт

фурудгоҳ

аэропорт

манора

вышка

мусофир

пассажир

контейнер

контейнер

ҷутии картонӣ

коробка

ароба

тележка

сабад

корзина

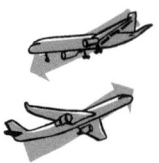

гирифтан / замин

взлетать / приземляться

шаҳр

город

деҳа

деревня

маркази шаҳр

центр города

хона

дом

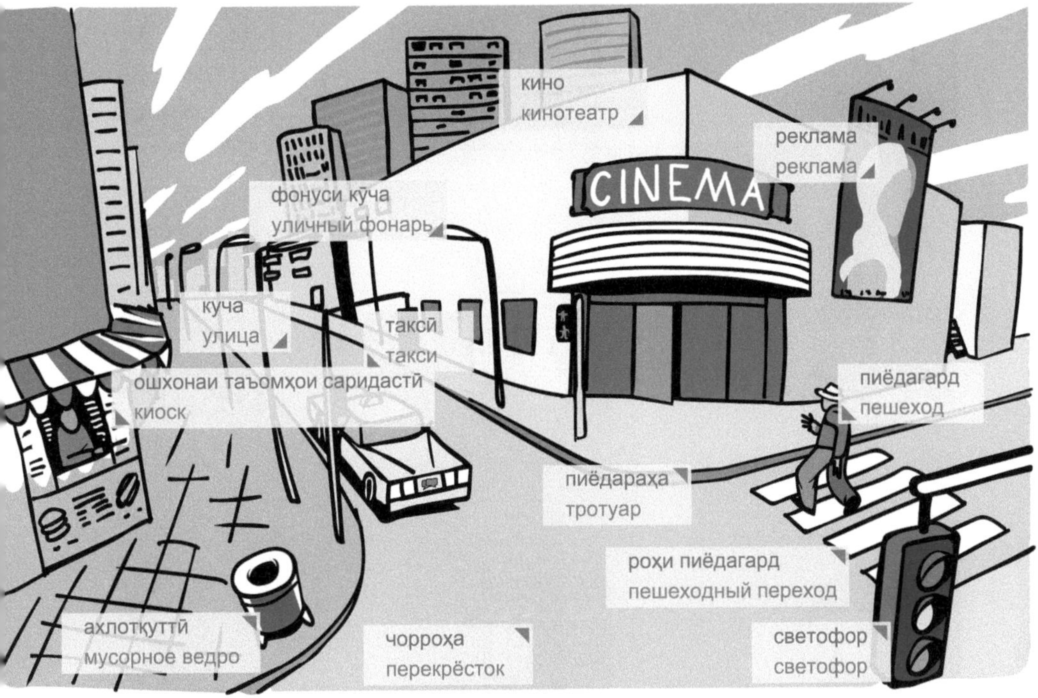

кино
кинотеатр

реклама
реклама

фонуси кӯча
уличный фонарь

куча
улица

таксӣ
такси

ошхонаи таъомхои саридастӣ
киоск

пиёдагард
пешеход

пиёдараҳа
тротуар

роҳи пиёдагард
пешеходный переход

ахлоткуттӣ
мусорное ведро

чорроҳа
перекрёсток

светофор
светофор

кулба

хижина

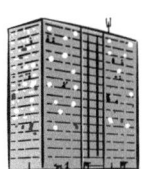

ҳамвор

квартира

истгоҳи роҳи оҳан

вокзал

бинои маъмурияти шаҳр

ратуша

осорхона

музей

мактаб

школа

шаҳр - город

донишгоҳ

университет

бонк

банк

бемористон

больница

меҳмонхона

гостиница

доухона

аптека

идора

офис

сехи китоб

книжный магазин

сехи

магазин

мағозаи гулфурӯшӣ

цветочный магазин

супермаркет

супермаркет

бозор

рынок

универмаг

универмаг

мағозаи моҳифурӯшӣ

торговец рыбой

маркази савдо

торговый центр

бандар

порт

парк

парк

бонк

скамейка

пул

мост

зинапоя

лестница

метро

метро

нақби

тоннель

истгоҳи автобус

автобусная остановка

бар

бар

тарабхона

ресторан

қуттии почта

почтовый ящик

аломати номи кӯчаҳо

табличка с названием
улицы

ҳисобкунаки исти мошинҳо

паркометр

боғи ҳайвонот

зоопарк

ҳавзи шиноварӣ

бассейн

масҷид

мечеть

шаҳр - город

ферма

ферма

ифлоскунӣ

загрязнение окружающей среды

қабристон

кладбище

калисо

церковь

майдончаи бозӣ

детская площадка

маъбад

храм

ландшафт
ландшафт

барг
лист

аломати роҳнамо
дорожный указатель

роҳ
дорога

алафзор
луг

санг
камень

сайёҳ
путешественник

дарахт
дерево

дарё
река

алаф
трава

гул
цветок

водй
....
долина

кӯҳ
....
гора

кул
....
озеро

беша
....
лес

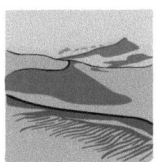

биёбон
....
пустыня

вулкан
....
вулкан

қалъа
....
замок

рангинкамон
....
радуга

занбӯруғ
....
гриб

дарати нахл
....
пальма

хомӯшак
....
комар

паридан
....
муха

мурча
....
муравей

занбур
....
пчела

тортанак
....
паук

гамбӯсак

жук

қурбоққа

лягушка

санҷоб

белка

хорпушт

еж

харгӯш

заяц

бум

сова

парранда

птица

мурғи қу

лебедь

хуки ваҳшӣ

кабан

оху

олень

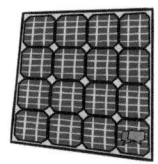

гавазн

лось

сарбанд

плотина

турбина шамол

ветряной генератор

панел офтобӣ

солнечная батарея

иқлим

климат

тарабхона
ресторан

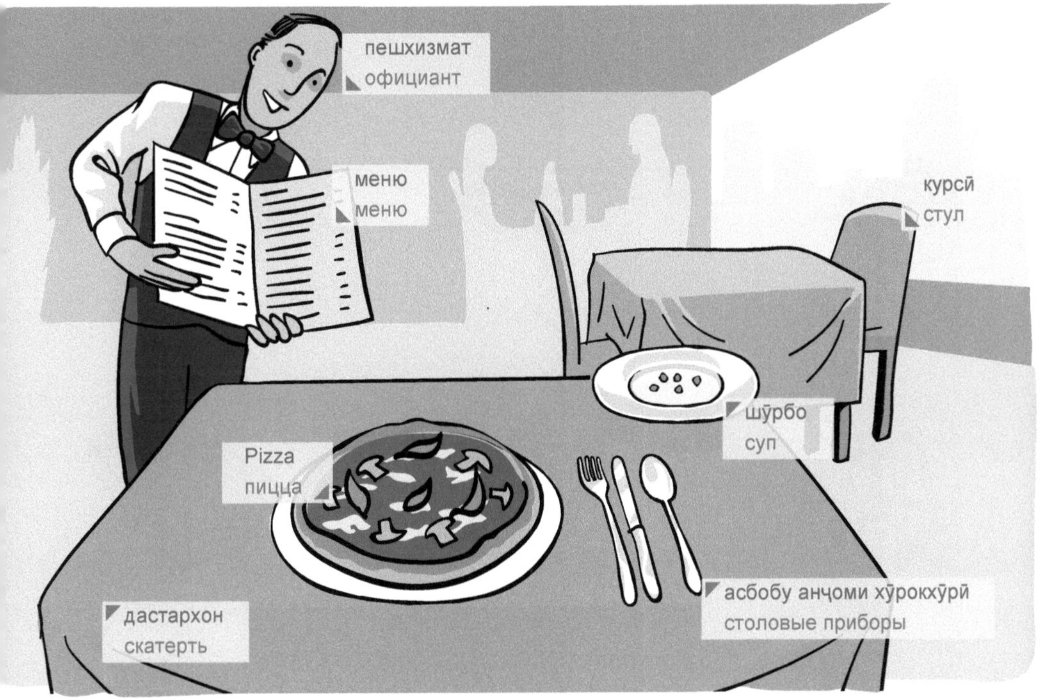

пешхизмат
официант
меню
меню
курсӣ
стул
шӯрбо
суп
Pizza
пицца
асбобу анҷоми хӯрокхӯрӣ
столовые приборы
дастархон
скатерть

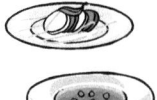

стартер/корандоз

закуска

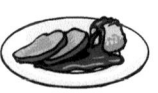

хӯроки асосӣ

главное блюдо

десерт

десерт

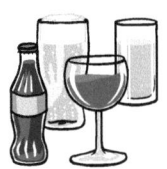

нӯшокиҳои

напитки

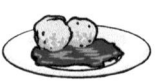

таъом

еда

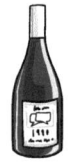

шиша

бутылка

Хӯроки Тез Таёр мешуда

фастфуд

хӯроки кӯчагӣ

уличная еда

чойник

чайник

шакардон

сахарница

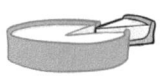

қисм/порча

порция

мошини espresso

кофеварка

курсии кӯдакона

детский стульчик

ҳисоб

счет

зарфмонак

поднос

корд

нож

чангол

вилка

қошуқ

ложка

қошуқча

чайная ложка

сачоқи қоғазӣ

салфетка

истакон

стакан

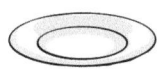

табақча

тарелка

косача

суповая тарелка

тақсимча

блюдце

соус

соус

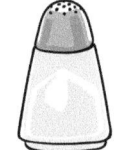

намакдон

солонка

мурчдон

мельница для перца

сирко

уксус

равғани растанӣ

масло

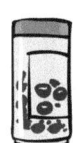

приправа

специи

кетчуп

кетчуп

хардал

горчица

майонез

майонез

супермаркет

супермаркет

пешниҳоди махсус
специальное предложение
FOR
мизоҷ
покупатель
шир
молочные продукты
мева
фрукты
аробача
тележка для покупок

BUTCHERS

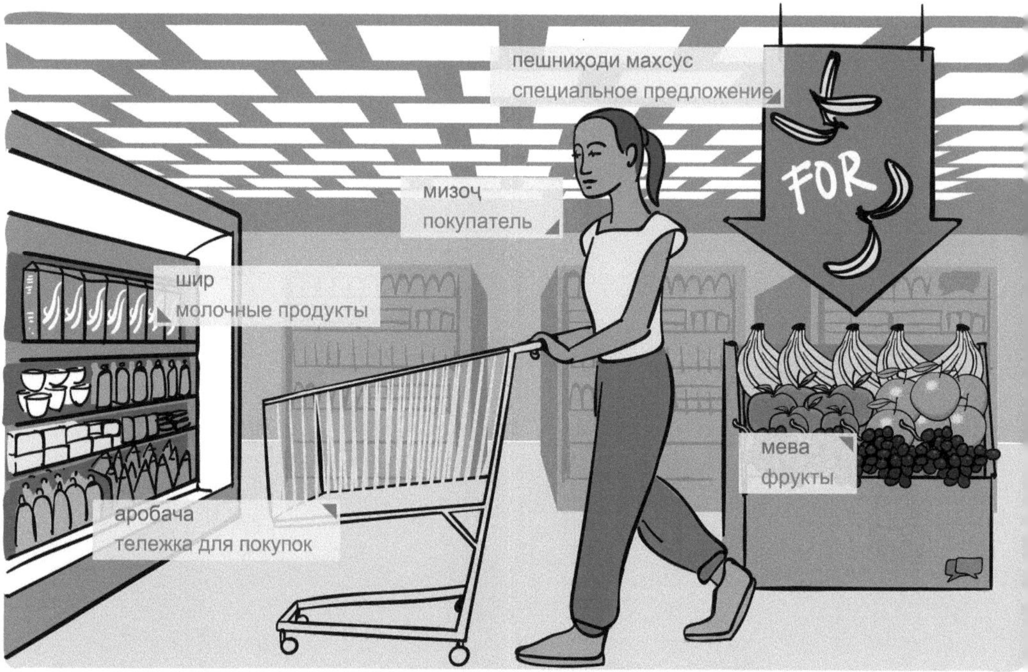

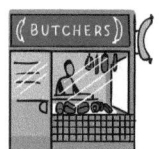

дукони гӯштфурӯшӣ

мясной магазин

BAKERY

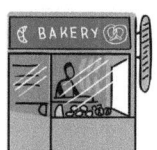

дукони нонфурӯшӣ

пекарня

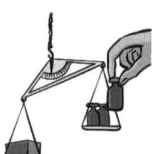

баркашидан

взвешивать

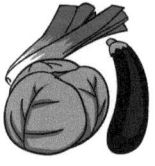

сабзавот

овощи

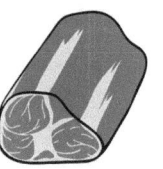

гӯшт

мясо

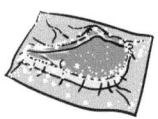

хӯроки яхбаста

быстрозамороженные продукты

тилимҳои борик буридаи гушт

нарезка

озуқаворї консервонидашуда

консервы

хокаи либосшӯй

стиральный порошок

ширинӣ

сладости

асбоби рӯзгор

предмет домашнего обихода

воситаҳои тозакунанда

моющее средство

фурӯшанда

продавщица

касса

касса

кассир

кассир

рӯихати харидкунӣ

список покупок

соат ифтитоҳи

время работы

ҳамён

бумажник

корти кредитӣ

кредитная карточка

ҷуздо

сумка

пакет

полиэтиленовый пакет

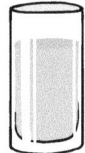

об
вода

шарбат
сок

шир
молоко

кола
кока-кола

шароб
вино

оби ҷав
пиво

машрубот
алкоголь

какао
какао

чой
чай

қаҳва
кофе

эспрессо
эспрессо

каппучино
капучино

банан

банан

себ

яблоко

норанҷӣ

апельсин

харбуза

арбуз

лимӯ

лимон

сабзӣ

морковь

сир

чеснок

бамбук

бамбук

пиёз

лук

занбӯруғ

гриб

чормағз

орехи

угро

лапша

спагеттӣ

спагетти

биринҷ

рис

салат

салат

картошкаи қоқак

картофель фри

картошкабирён

жареный картофель

Pizza

пицца

гамбургер

гамбургер

бутербурод

сэндвич

шнитсел

шницель

гӯшти намакардаи хук

ветчина

ҳасиби салямӣ

салями

ҳасиб

колбаса

мурғ

курица

кабоб

жаркое

моҳӣ

рыба

ярмаи ҷав

овсяные хлопья

омехтаи ғалладонагӣ

мюсли

ярмаи ҷуворимакка

кукурузные хлопья

орд

мука

кулчақанд

круассан

кулчақанд

булочка

нон

хлеб

як порча нони бирён

тост

кулчачаҳои қандин

печенье

маска

масло

творог

творог

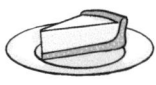

пирог

пирог

тухм

яйцо

тухм бирён

яичница

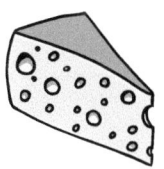

панир

сыр

яхмос

мороженое

шакар

сахар

асал

мёд

мураббо

мармелад

хамираи ҳалво

крем с нугой

Curry

карри

хонаи деҳот
крестьянский дом

анборхона
сарай

тойи коҳ
тюк из соломы

дашт
поле

асп
лошадь

ядак
прицеп

трактор
трактор

тойча
жеребёнок

хар
осёл

гӯсфанд
овца

баррача
ягнёнок

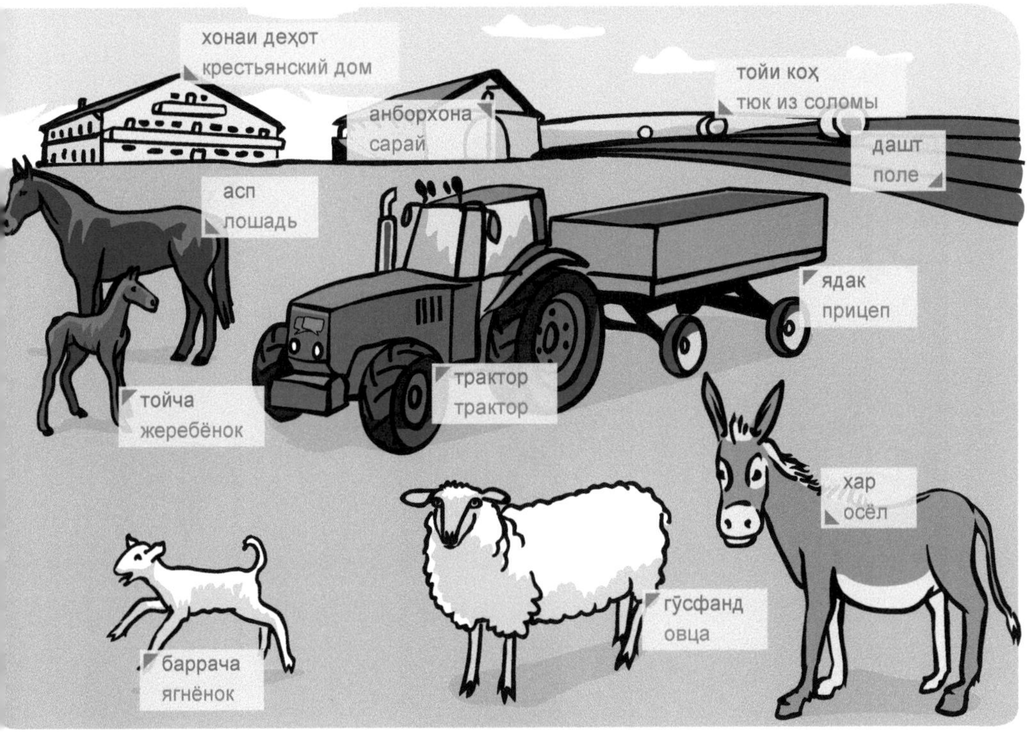

буз
....
коза

гов
....
корова

гӯсола
....
телёнок

хук
....
свинья

хукча
....
поросёнок

буққа
....
бык

қоз

гусь

мурғобӣ

утка

чӯҷа

цыплёнок

мурғ

курица

хурӯс

петух

каламуш

крыса

гурба

кошка

муш

мышь

барзагов

вол

саг

собака

хоначаи саг

конура

рӯдаи резинӣ

садовый шланг

камобӣ метавонад

лейка

дос

коса

сипори шудгоркунии замин

плуг

доси

серп

каланд

мотыга

панҷшоха

навозные вилы

табар

топор

ароба

тачка

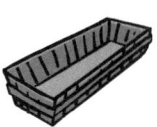

охур

корыто

зарфи ширгирй

бидон для молока

халта

мешок

девор

забор

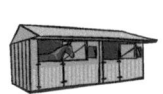

мӯътадил

хлев

гармхона

теплица

хок

почва

тухмй

посев

нуриҳо

удобрение

комбайни ғаллағундорй

комбайн

ҳосил

собирать урожай

ҳосил

урожай

yams

ямс

гандум

пшеница

лубиж

соя

картошка

картофель

ҷуворӣ

кукуруза

донаи маъсар

рапс

дарахти мева

фруктовое дерево

manioc

маниок

ғалладона

злаки

хона

дом

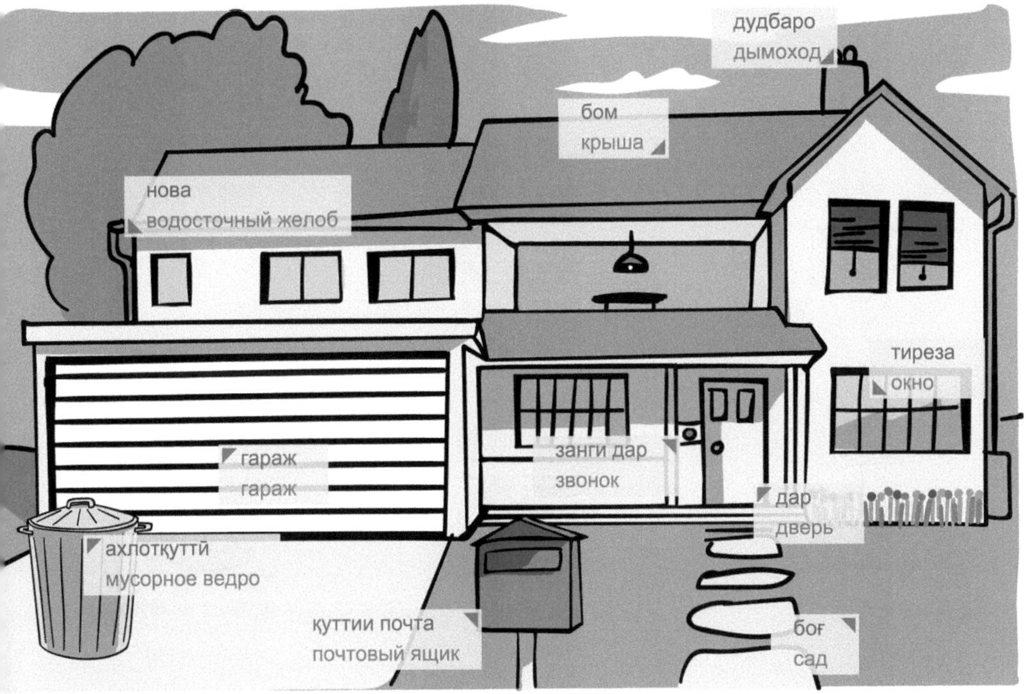
дудбаро
дымоход
бом
крыша
нова
водосточный желоб
тиреза
окно
занги дар
звонок
гараж
гараж
дар
дверь
ахлотқуттӣ
мусорное ведро
қуттии почта
почтовый ящик
боғ
сад

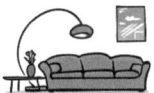

мехмонхона

гостиная

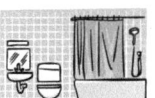

ҳамом

ванная комната

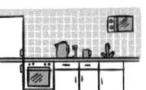

ошхона

кухня

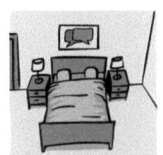

хонаи хоб

спальня

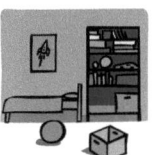

ҳуҷраи кӯдакона

детская комната

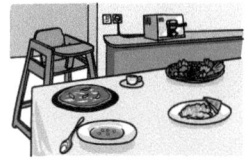

ошхона

столовая

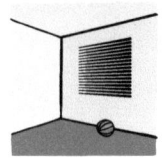

ошёна

пол

девор

стена

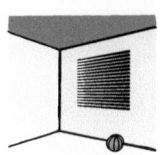

шифт

потолок

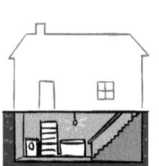

тагзаминӣ

подвал

сауна

сауна

балкон

балкон

суфача

терраса

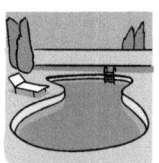

ҳавз

бассейн

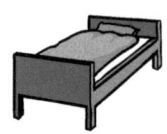

мошини алафдарав

газонокосилка

варақ

пододеяльник

кампал

покрывало

кат

кровать

ҷорӯб

метла

сатил

ведро

калид

выключатель

мехмонхона

гостиная

зардеворӣ
обои
расм
рисунок
лампа
лампа
рафи китобмонӣ
полка
ҷевони зарфҳо
шкаф
телевизор
телевизор
отащдон
камин
гул
цветок
болишт
подушка
диван
диван
гулдон
ваза
пулт
пульт дистанционного управления

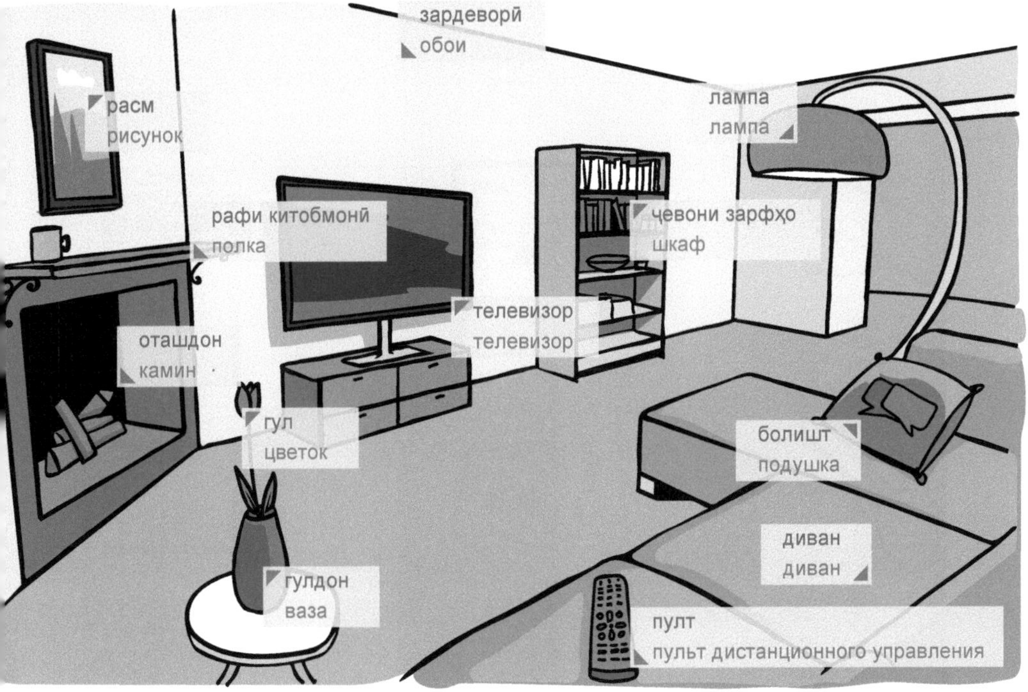

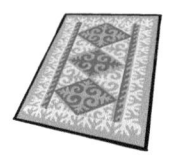

қолин

ковёр

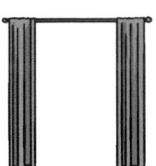

парда

штора

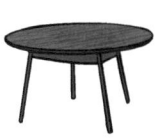

мизи

стол

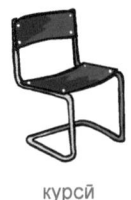

курсӣ

стул

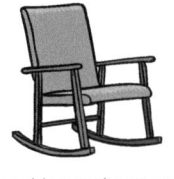

rocking кафедраи

кресло-качалка

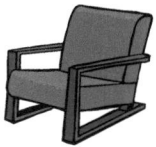

курсӣ

кресло

китоб

книга

курпа

покрывало

ороиш

украшение

ҳезум

дрова

филм

фильм

дастгоҳи hi-fi

стереосистема

калид

ключ

рӯзнома

газета

расм

картина

эълон

плакат

радио

радио

китобчаи қайдҳо

блокнот

чангкашак

пылесос

кактус

кактус

шам

свеча

ошхона
кухня

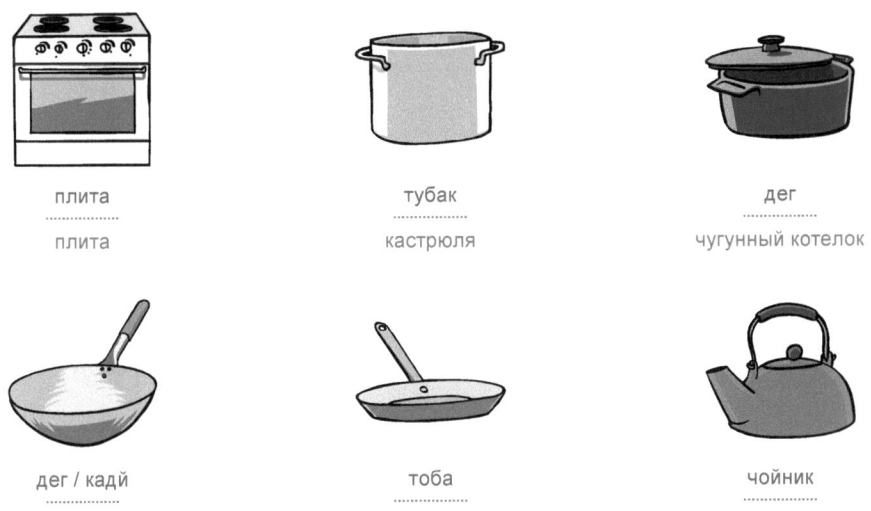

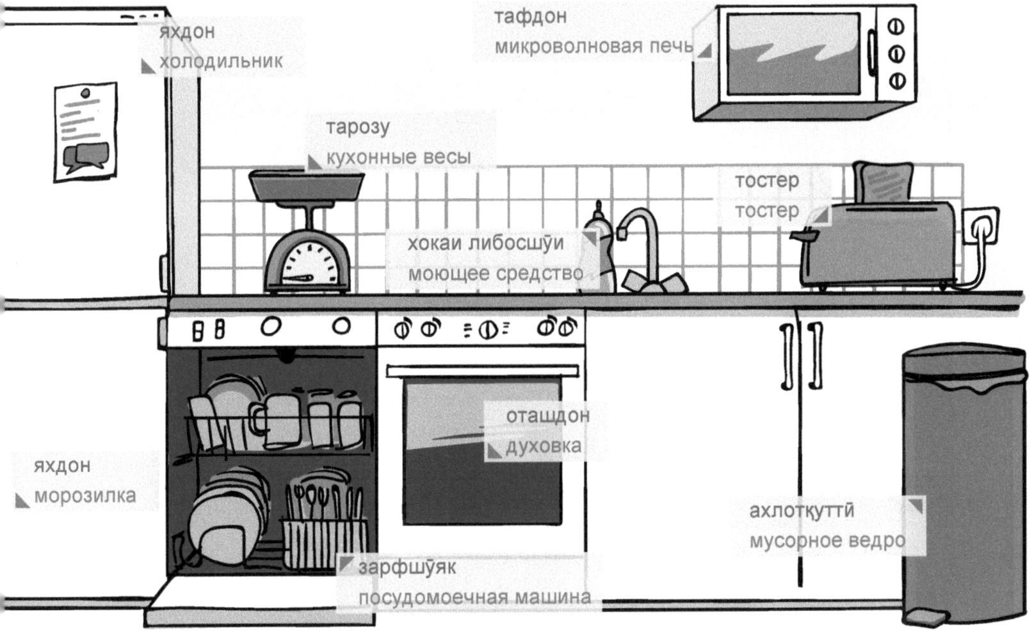

яхдон
холодильник
тафдон
микроволновая печь
тарозу
кухонные весы
тостер
тостер
хокаи либосшӯӣ
моющее средство
отащдон
духовка
яхдон
морозилка
ахлоткуттӣ
мусорное ведро
зарфшӯяк
посудомоечная машина

плита
плита

тубак
кастрюля

дег
чугунный котелок

дег / кадй
вок / кадай

тоба
сковорода

чойник
чайник

steamer

пароварка

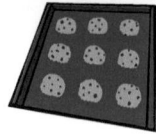

лист

противень

зарф

посуда

кружка

кружка

коса

миска

чубаки хурокхӯрй

палочки для еды

кафлези

половник

кафлези ҳамвор

лопатка

whisk

сбивалка

strainer

сито

элак

сито

турбтарошак

тёрка

миномет

ступка

Кабоб Кардан

гриль

оташ кушод

костёр

тахтаи резакунӣ

доска

чӯба

скалка

пӯккашак

штопор

банка

жестяная банка

консервокушояк

консервный нож

дастак

прихватка

дастшӯяк

раковина

чӯтка

щетка

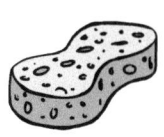

исфанҷ

губка

блендер

миксер

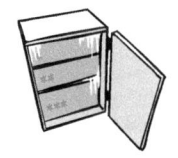

сармодон

морозильная камера

шишача

бутылочка для кормления

чумак

кран

ҳамом

ванная комната

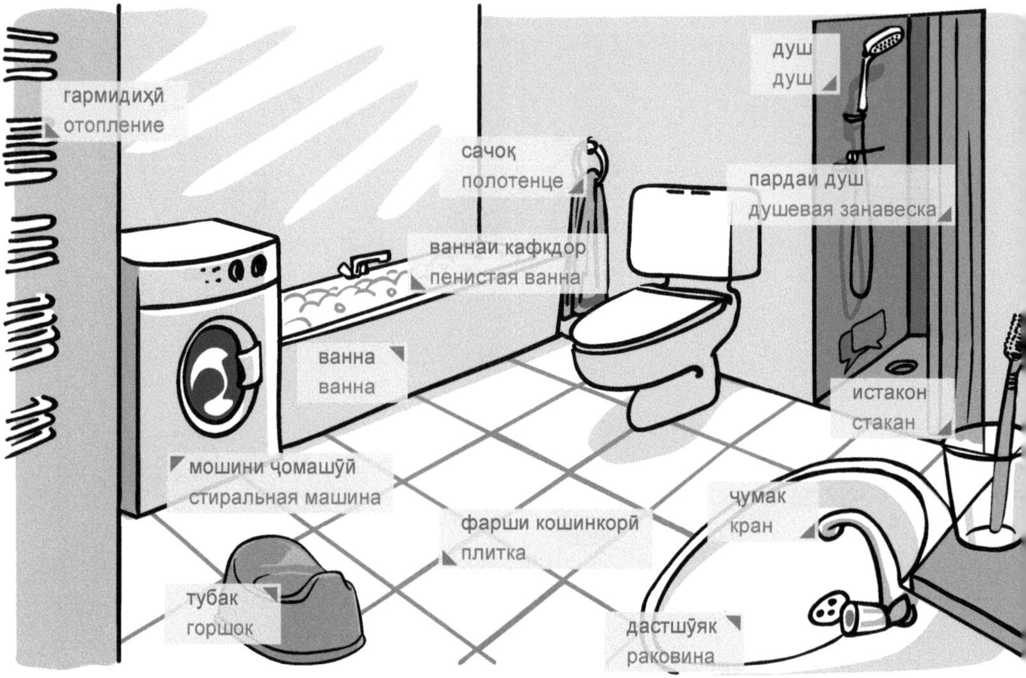

гармидиҳӣ
отопление
душ
душ
сачоқ
полотенце
пардаи душ
душевая занавеска
ваннаи кафкдор
пенистая ванна
ванна
ванна
истакон
стакан
мошини ҷомашӯӣ
стиральная машина
ҷумак
кран
фарши кошинкорӣ
плитка
тубак
горшок
дастшӯяк
раковина

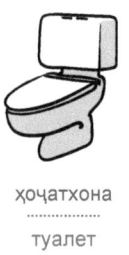

ҳоҷатхона

туалет

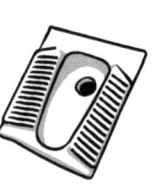

нишастгоҳи халоҷои рӯйфаршӣ

напольный унитаз

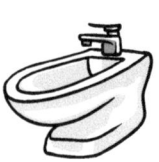

биде

биде

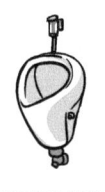

ҳоҷатхонаи мардона

писсуар

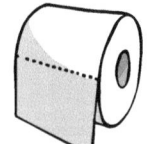

коғази ташноб

туалетная бумага

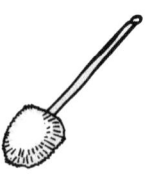

чӯткаи ҳоҷатхона

ершик

дандоншӯяк

зубная щетка

хамираи дандоншӯи

зубная паста

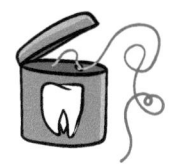

риштаи дандонтозакунӣ

зубная нить

шӯстан

мыть

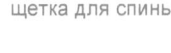

души дастӣ

ручной душ

обшӯй

интимный душ

ҳавза

таз

шона кардани мӯй

щетка для спины

собун

мыло

гел барои душ

гель для душа

шампун

шампунь

бумазӣ

мочалка

заҳкаш

сток

крем

крем

дезодорант

дезодорант

ҳамом - ванная комната   39

оина

зеркало

оинаи дастӣ

ручное зеркало

риштарошаки барқи

бритва

кафк барои риштарошӣ

пена для бритья

оби мушкини баъди
риштарошӣ

лосьон после бритья

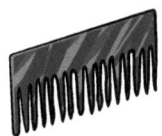

шона

расческа

чӯтка

щетка

мӯйхушкунак

фен

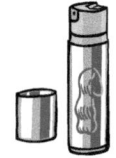

лак барои мӯй

лак для волос

косметика

косметика

лабсурхкунак

губная помада

лок барои нохун

лак для ногтей

пахта

вата

қайчии нохунгирӣ

маникюрные ножницы

атриёт

духи

ҷузвдони косметики

косметичка

қазои ҳоҷат

табуретка

тарозу

весы

хилъат

халат

дастпӯшак резина

резиновые перчатки

тампон

тампон

дастмоли санитарй

гигиеническая прокладка

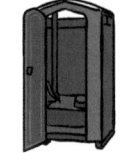

био-ҳоҷатхона

биотуалет

ҳуҷраи кӯдакона
детская комната

соати рӯимизии зангдор
будильник
бозичаи мулоим
мягкая игрушка
мошини бозича
игрушечный автомобиль
тиқ-тиқ кардан
погремушка
хоначаи бозичагӣ
кукольный домик
ҳузур
подарок

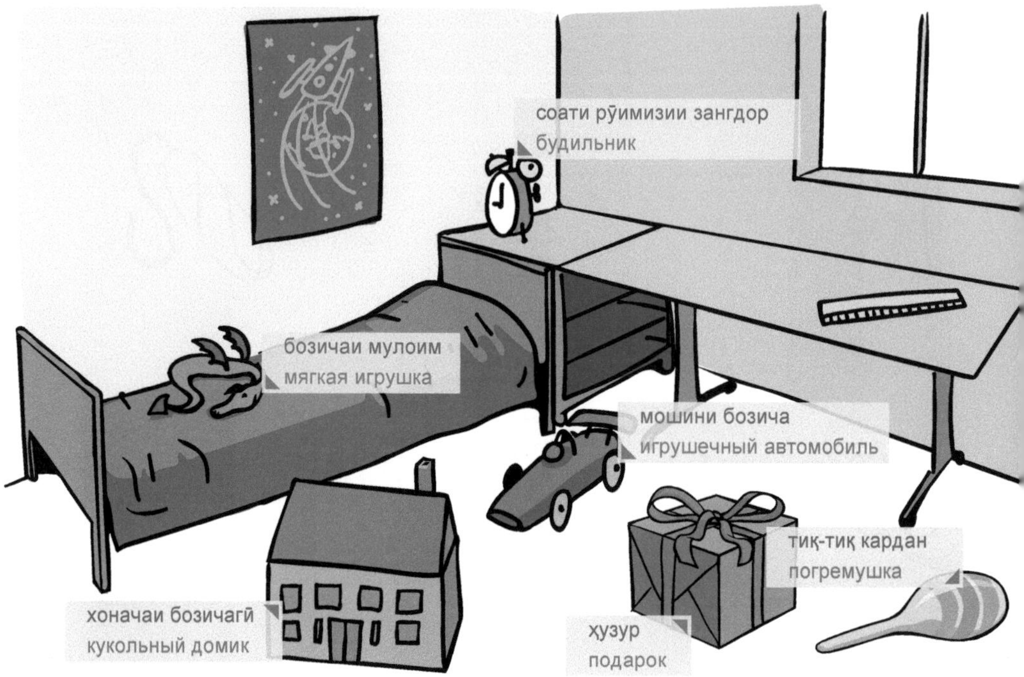

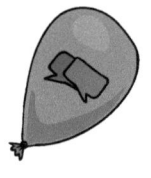

пуфак

воздушный шар

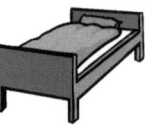

кат

кровать

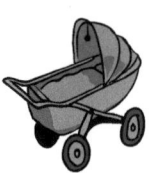

аробочаи кудакона

детская коляска

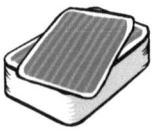

маҷмӯи кортҳо

карточная игра

бозии муамоёбӣ

пазл

SUPER
MEGA

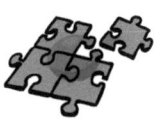

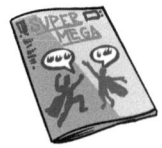

комикс

комикс

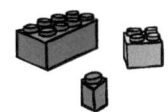

хиштҳои лего

кирпичики Лего

мағозаи бозичафурӯхтан

кубики

рақам амал

игрушечная фигурка

либоси ғаваккашӣ

ползунки

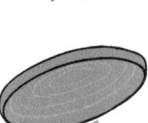

фрисби

фрисби

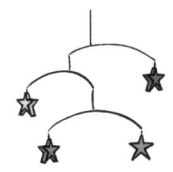

мобилӣ

мобиле

лавҳачаи бозӣ

настольная игра

кубик

кубик

маҷмӯи модели қатора

модель железной дороги

пистонак

соска

ҳизб

вечеринка

китоби расм

книга с картинками

тӯб

мяч

лӯхтак

кукла

бози кардан

играть

куттии рег

песочница

арғунчак

качели

бозича

игрушка

консоли бозиҳои видеой

игровая приставка

велосипеди сечарха

трёхколесный велосипед

хирсаки бахмалии патдор

плюшевый медвежонок

чевон

шкаф для одежды

либос

одежда

чуроб

носки

чуроби соқбаланд

чулки

колготки

колготки

гарданпеч
шарф

чатр
зонтик

футболка
футболка

тасма
ремень

пойафзол
сапоги

шиппак
тапки

кроссовки
кроссовки

босоножкй
....
сандалии

пойафзол
....
ботинки

музаи резинй
....
резиновые сапоги

турсй
....
трусы

синабанд
....
бюстгальтер

майка
....
майка

бадан

боди

шим

брюки

чинс

джинсы

юбка

юбка

куртаи нимтаи занона

блузка

курта

рубашка

свитер

свитер

свитер

свитер

пичак

спортивная куртка

нимтана

жакет

палто

пальто

плаш

плащ

костюм

костюм

куртаи занона

платье

либос тӯйи

свадебное платье

костюм

мужской костюм

куртаи хоб

ночная сорочка

пижама

пижама

Сари

сари

рӯймол

платок

салла

тюрбан

ниқобу

паранджа

кафтан

кафтан

абая

абайя

либоси обозӣ

купальник

эзорчаи шиноварии
мардона
плавки

шорти

шорты

либоси варзишӣ

спортивный костюм

пешбанд

фартук

дастпӯшак

перчатки

тугма

пуговица

айнак

очки

дастпона

браслет

гарданбанд

цепочка

ангуштарин

кольцо

гӯшвора

серьга

кулоҳ

шапка

либосовезак

вешалка

кулоҳ

шляпа

галстук

галстук

занҷирак

застежка молния

тоскулоҳ

шлем

шимбардор

подтяжки

либоси мактабӣ

школьная форма

либоси

форма

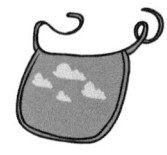

пешгир

детский нагрудник

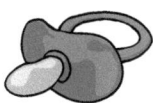

пистонак

соска

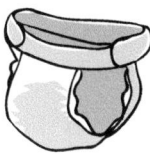

подгузник

подгузник

идора

офис

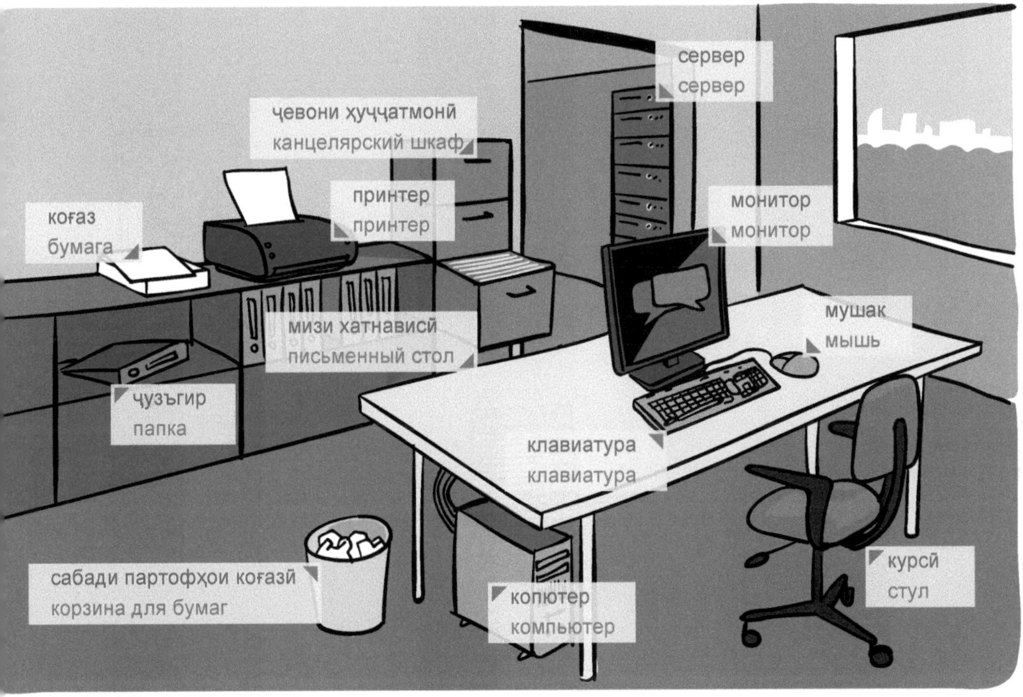
сервер
сервер
чевони ҳуҷҷатмонӣ
канцелярский шкаф
принтер
принтер
коғаз
бумага
монитор
монитор
мушак
мышь
мизи хатнависӣ
письменный стол
ҷузъгир
папка
клавиатура
клавиатура
курсӣ
стул
сабади партофҳои коғазӣ
корзина для бумаг
копютер
компьютер

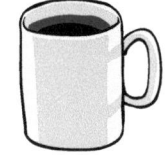

кружкаи қаҳванӯшӣ

кофейная кружка

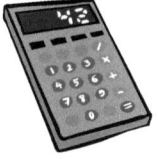

калкулятор

калькулятор

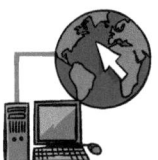

интернет

интернет

ноутбук

ноутбук

мактуб

письмо

хабар

сообщение

телефони мобилӣ

мобильный телефон

шабака

сеть

нусхабардор

ксерокс

нармафзор

программа

телефон

телефон

розетка

розетка

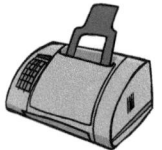

факс

факс

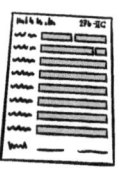

шакл

формуляр

хуччат

документ

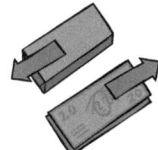

харидан

покупать

пардохт

платить

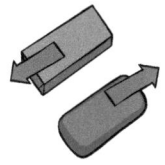

савдо

торговать

пул

деньги

USD

доллар

доллар

EUR

евро

евро

JPY

йен

иена

RUB

рубл

рубль

CHF

франки швейцариягӣ

франк

CNY

юан

жэньминьби юань

INR

рупӣ

рупия

нуқтаи нақд

банкомат

нуқтаи мубодилаи асъор

пункт обмена валюты

тилло

золото

нукра

серебро

равғани растанӣ

нефть

энерги

энергия

нарх

цена

шартнома

договор

андоз

налог

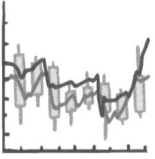

саҳмия

акция

кор

работать

хизматчӣ

служащий

соҳибкор

работодатель

завод

фабрика

сехи

магазин

корманди полис
милиционер

сӯхторхомушкун
пожарный

ошпаз
повар

духтур
врач

халабон
пилот

боғбон

садовник

чӯбтарош

столяр

дӯзанда

швея

судя

судья

кимиёшинос

химик

актер

актёр

ронандаи автобус

водитель автобуса

таксист

таксист

моҳигир

рыбак

фаррошзан

уборщица

устои бомпӯш

кровельщик

пешхизмат

официант

шикорчӣ

охотник

расом

художник

нонвой

пекарь

барқ

электрик

сохтмончӣ

строитель

инженер

инженер

қассоб

мясник

устои шабакаи об

сантехник

хаткашон

почтальон

сарбоз

солдат

меъмор

архитектор

кассир

кассир

гулфурӯш

флорист

сартарош

парикмахер

кондуктор

кондуктор

механик

механик

капатан

капитан

духтури дандон

зубной врач

олим

ученый

хохом

раввин

имом

имам

шайх

монах

саркоҳин

священник

асбобҳо

инструменты

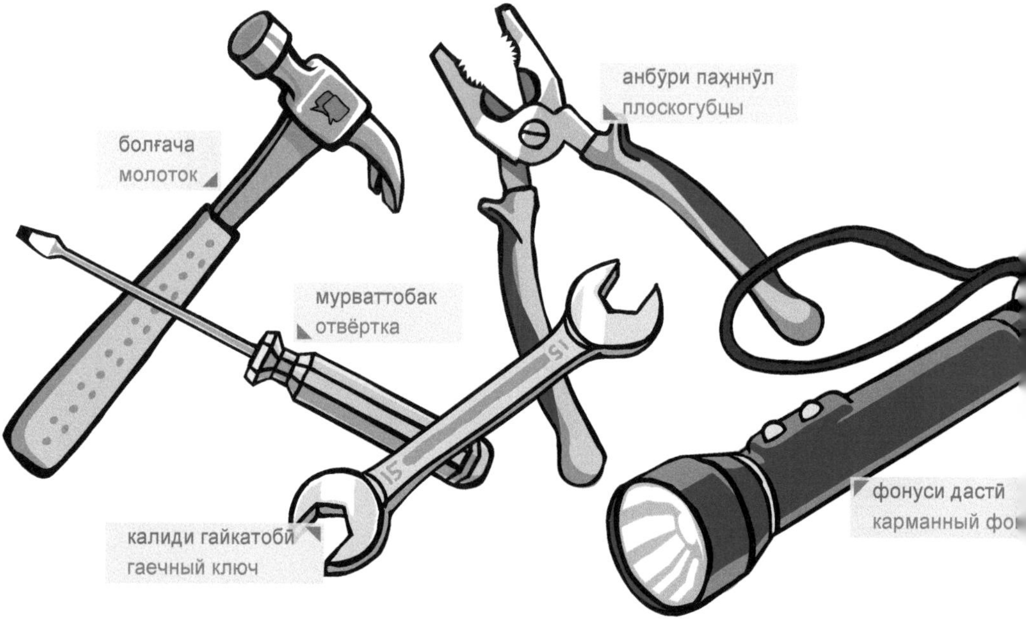
болғача
молоток
анбӯри паҳннӯл
плоскогубцы
мурваттобак
отвёртка
калиди гайкатобӣ
гаечный ключ
фонуси дастӣ
карманный фо

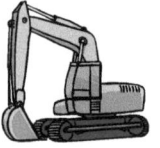

экскаватор

экскаватор

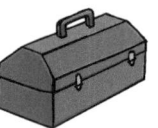

қутии асбобҳо

ящик для инструментов

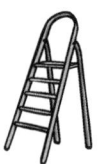

зинапоя

стремянка

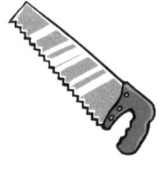

арра

пила

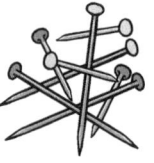

мехҳо

гвозди

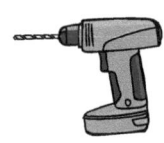

пармаи электрикӣ

дрель

таъмир

ремонтировать

бел

лопата

Сабил монад!

Блин!

белчаи хокрӯбагирй

совок

сатили ранг

ведро с краской

мехи печдор

винты

асбобҳои мусиқӣ

музыкальные инструменты

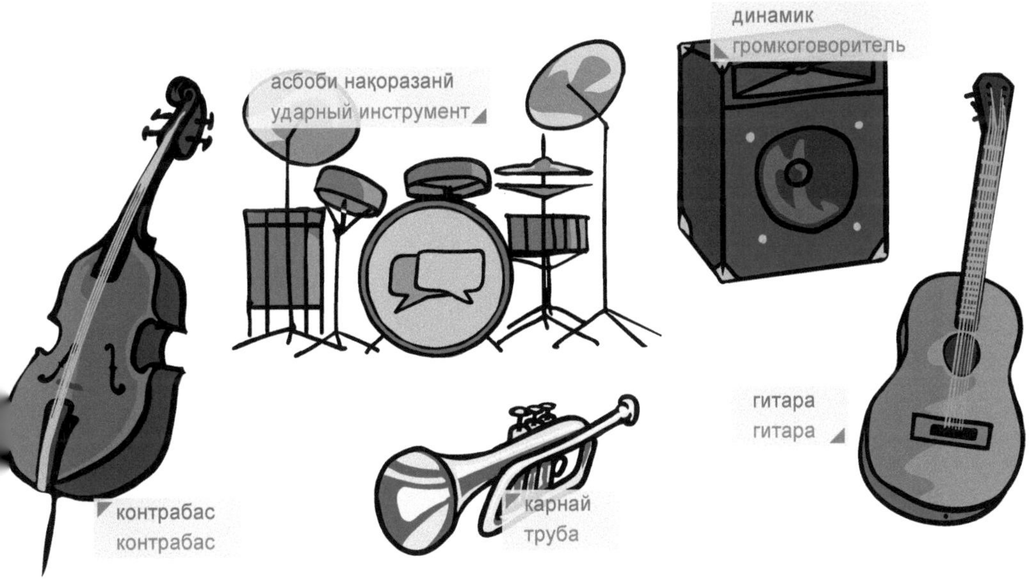

динамик
громкоговоритель

асбоби нақоразанй
ударный инструмент

гитара
гитара

контрабас
контрабас

карнай
труба

пианино

пианино

ғиҷҷак

скрипка

бас-гитара

бас-гитара

нақораи поядор

литавры

нақора

барабан

клавиатура

синтезатор

саксофон

саксофон

най

флейта

баландгӯяд

микрофон

боғи ҳайвонот

зоопарк

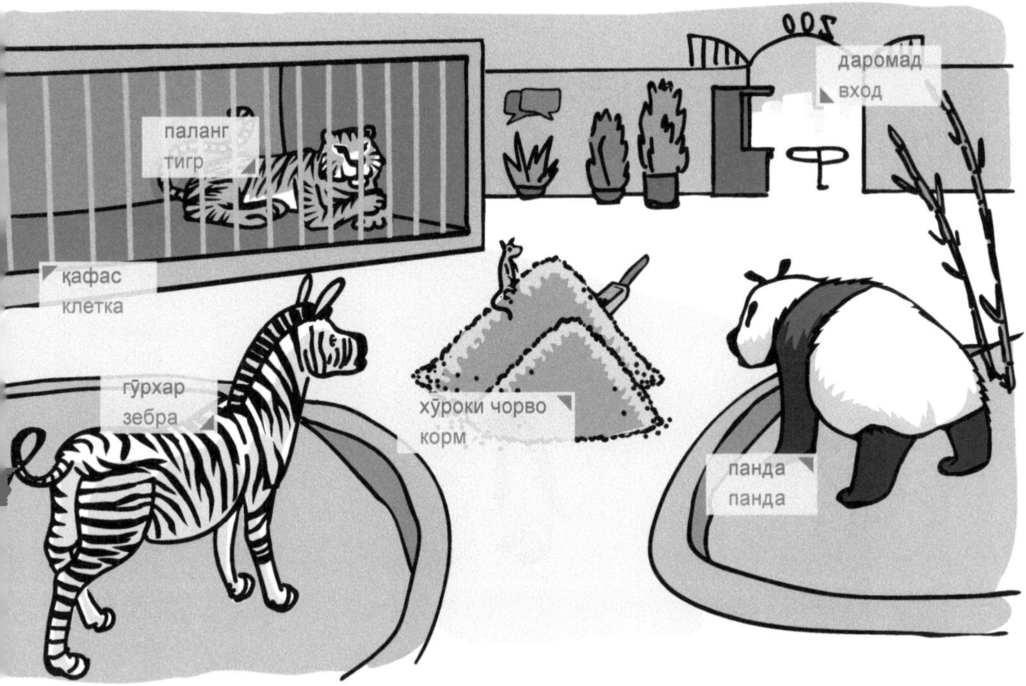

zoo
даромад
вход
паланг
тигр
қафас
клетка
гӯрхар
зебра
хӯроки чорво
корм
панда
панда

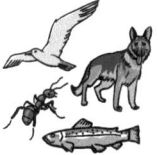

ҳайвонот
животные

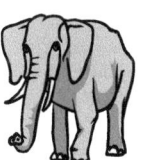

фил
слон

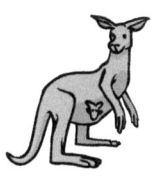

кенгуру
кенгуру

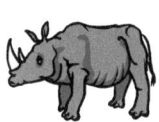

каркадан
носорог

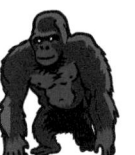

горилла
горилла

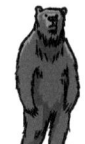

хирси бӯр
медведь

шутур

верблюд

шутурмурғ

страус

шер

лев

маймун

обезьяна

бутимор

фламинго

тӯти

попугай

хирси сафед

белый медведь

пингвин

пингвин

наҳанг

акула

товус

павлин

мор

змея

тимсоҳ

крокодил

посбон

служитель зоопарка

сил

тюлень

ягуар

ягуар

аспи кӯтоҳқад
пони

леопард
леопард

баҳмут
бегемот

заррофа
жираф

уқоб
орёл

хуки ваҳшӣ
кабан

моҳӣ
рыба

сангпушт
черепаха

морж
морж

рӯбоҳ
лиса

ғизол/оҳу
газель

футболи амрикои
американский футбол

велосипедронӣ
езда на велосипеде

теннис
теннис

баскетбол
баскетбол

шиноварӣ
плавание

бокс
бокс

хоккей
хоккей

футбол
футбол

бадмингтон
бадминтон

атлетика
лёгкая атлетика

гандбол
гандбол

лижаронӣ
лыжный спорт

тӯббозӣ бо асп
поло

паридан
прыгать

оғӯш гирифтан
обнимать

ханда
смеяться

пиёда рафтан
идти

шеър хондан
петь

ибодат кардан
молиться

бӯса кардан
целовать

орзӯ кардан
мечтать

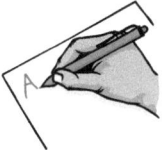

навиштан
писать

кашидан
рисовать

нишон додан
показывать

тела додан
нажимать

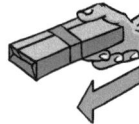

додан
давать

гирифтан
брать

доранд

иметь

кор

делать

бошад

быть

истодан

стоять

давидан

бежать

кашидан

тянуть

партофтан

бросать

афтидан

падать

дароз кашидан

лежать

интизор шудан

ждать

бардошта бурдан

носить

нишастан

сидеть

либос пӯшидан

надевать

хобин

спать

бедор шудан

просыпаться

фаъолият - действия

нигоҳ кардан

рассматривать

гиря кардан

плакать

сила кардан

гладить

шона

причесывать

гап задан

говорить

фаҳмидан

понимать

пурсидан

спрашивать

гӯш кардан

слушать

нӯштдан

пить

хӯрдан

кушать

ғундоштан

наводить порядок

ишқ

любить

ошпаз

готовить

рондан

ехать

парвоз кардан

летать

бо бодбон ҳаракат кардан

ходить под парусом

ҳисоб кардан

считать

хондан

читать

омӯхтан

учиться

кор

работать

оиладор шудан

вступать в брак

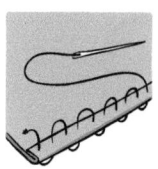

дӯхтан

шить

дадон шӯстан

чистить зубы

куштан

убивать

дуд

курить

фиристодан

отправлять

фаъолият - действия

оила

семья

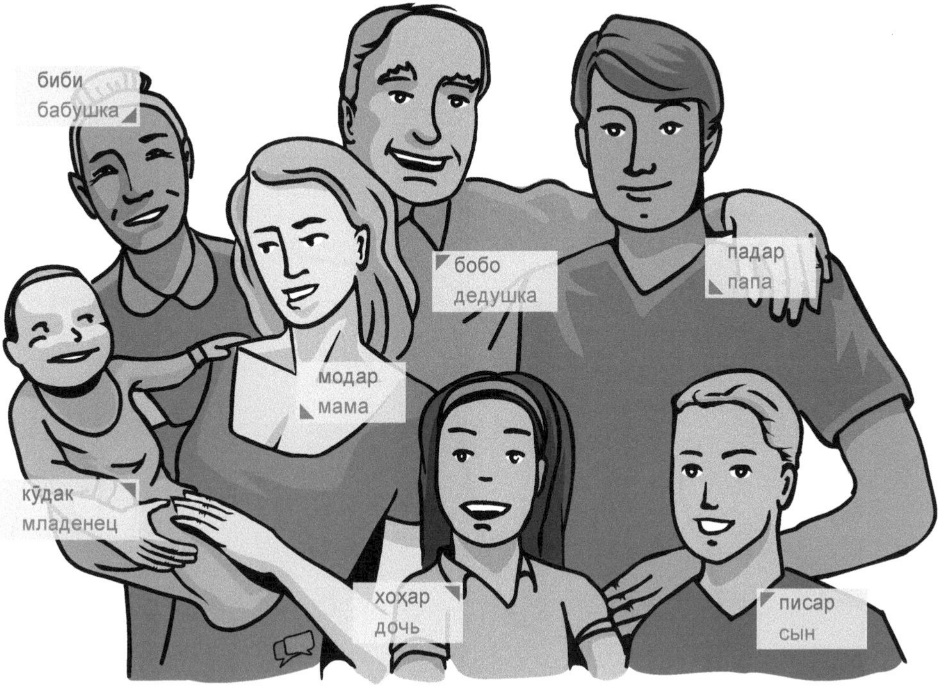

биби
бабушка
бобо
дедушка
падар
папа
модар
мама
кӯдак
младенец
хоҳар
дочь
писар
сын

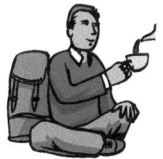

меҳмон

гость

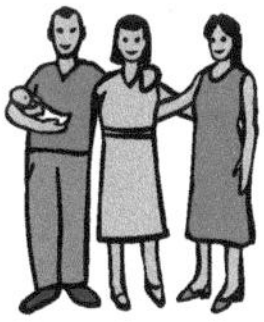

хола

тетя

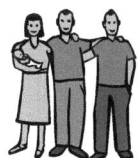

амак

дядя

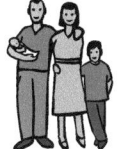

бародар

брат

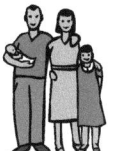

хоҳар

сестра

бадан

тело

пешонӣ
лоб
чашм
глаз
китф
плечо
ангушт
палец
рӯй
лицо
манаҳ
подбородок
панҷаи даст
кисть
пой
нога
қафаси сина
грудь
даст
рука

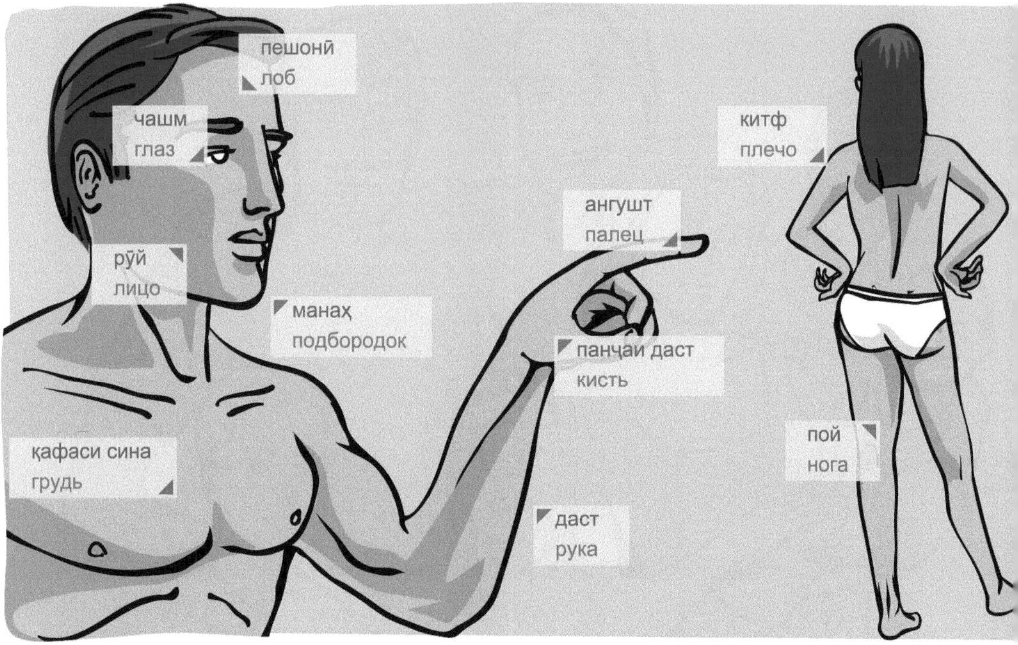

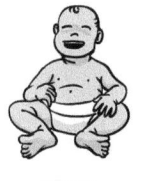

кӯдак

младенец

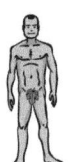

мард

мужчина

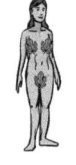

зан

женщина

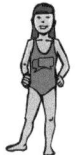

духтар

девочка

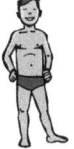

писар

мальчик

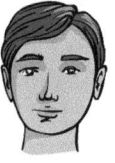

сар

голова

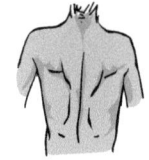

пушт

спина

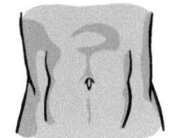

шикам

живот

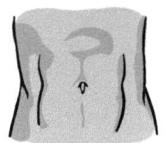

ноф

пупок

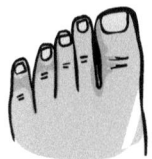

ангушти пой

палец ноги

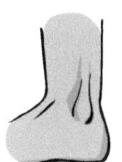

пошнаи пой

пятка

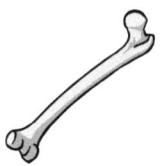

устухон

кость

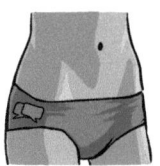

рон

бедро

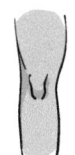

зону

колено

оринҷ

локоть

бинӣ

нос

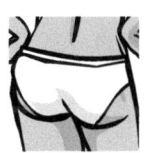

таг

ягодицы

пӯст

кожа

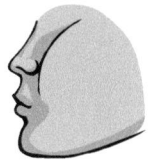

рухсора

щека

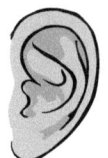

гӯш

ухо

лаб

губа

даҳон

рот

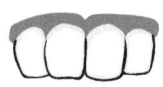

дадон

зуб

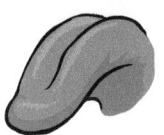

забон

язык

майнаи сар

мозг

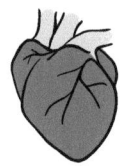

дил

сердце

мушак

мышца

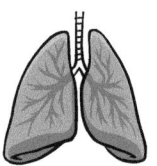

шуш

лёгкое

ҷигар

печень

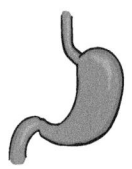

меъда

желудок

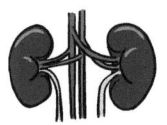

гурдаҳо

почки

алоқаи ҷинсӣ

половой акт

рифола

презерватив

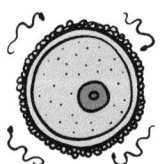

тухмҳуҷайра

яйцеклетка

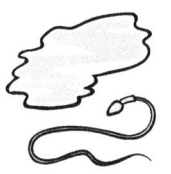

нутфа

сперма

ҳомиладорӣ

беременность

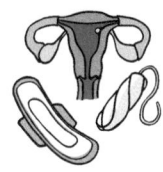

ҳайз

менструация

маҳбал

вагина

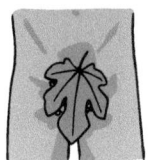

кер

пенис

абрӯ

бровь

мӯй

волосы

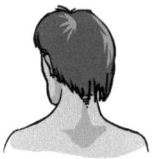

гардан

шея

бемористон
больница

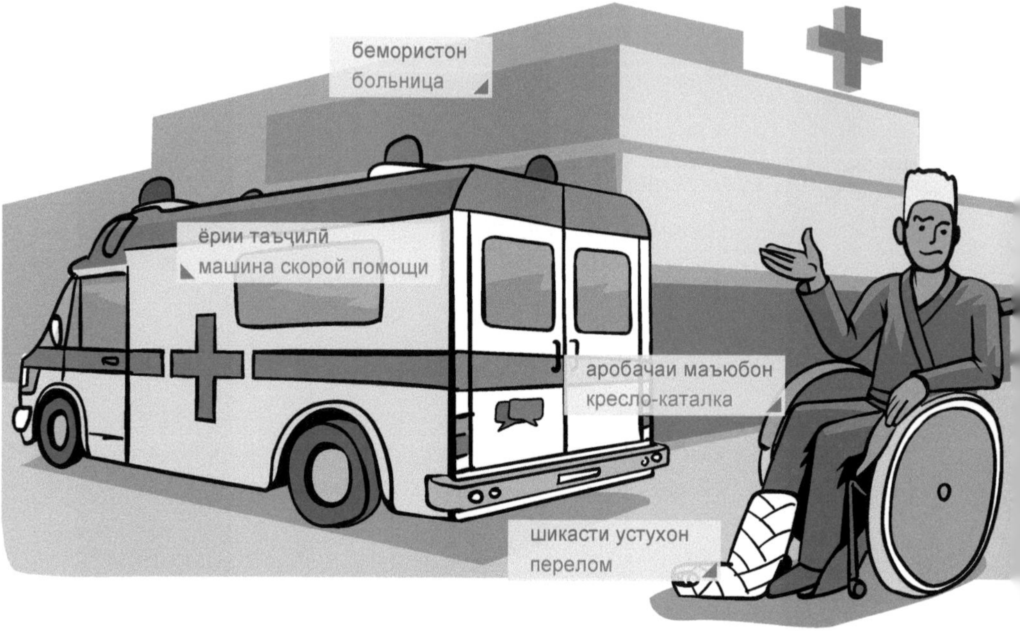

бемористон
больница
ёрии таъҷилӣ
машина скорой помощи
аробачаи маъюбон
кресло-каталка
шикасти устухон
перелом

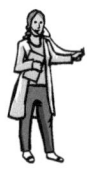

духтур

врач

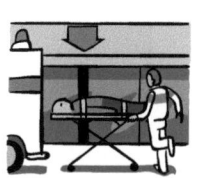

ҳуҷраи ёрии фаврӣ

пункт первой помощи

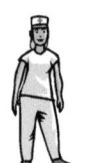

ҳамшираи тиббӣ

медсестра

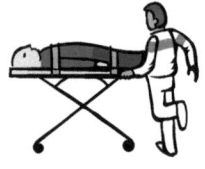

ҳолати фавқулодда

неотложный случай

беҳуш

без сознания

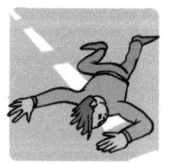

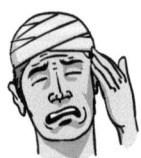

дард

боль

чароҳат

повреждение

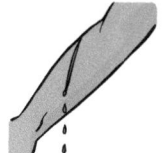

хунравӣ

кровотечение

дилзанак

инфаркт

сактаи майна

инсульт

аллергия

аллергия

сулфа

кашель

табларза

овышенная температура

грипп

грипп

шикамравӣ

понос

сардард

головная боль

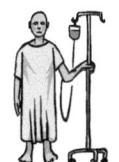

саратон

рак

диабет

диабет

ҷарроҳ

хирург

скалпел

скальпель

ҷарроҳӣ

операция

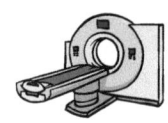

Томографияи компютерй

КТ

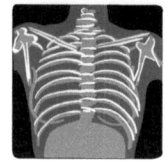

шӯъои ренгенй

рентген

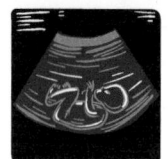

ултрасадо

ультразвук

ниқоби рӯй

маска

беморй

болезнь

ҳучраи интизорй

приёмная

асобағал

костыль

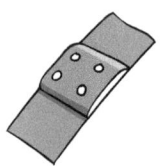

марҳам

пластырь

дока

бинт

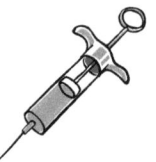

сӯзандору

укол

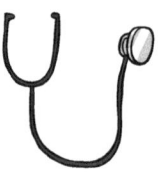

стетоскоп

стетоскоп

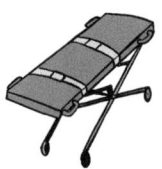

занбар

носилки

ҳароратсанч

термометр

таваллуд

рождение

вазни зиёдатй

избыточный вес

тачхизоти шунавой

слуховой аппарат

моддаи безараргардонй

дезинфекционное
средство

инфексия

инфекция

вирус

вирус

ВИЧ / СПИД

ВИЧ / СПИД

дору

лекарство

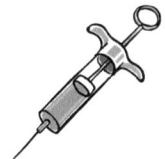

ваксинатсия

прививка

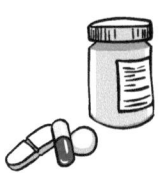

хабхо

таблетки

хаб

противозачаточная
таблетка

занги изтирорй

экстренный вызов

монитори фишори хун

прибор для измерения
кровяного давления

бемор/солим

больной / здоровый

Кумак!

Помогите!

ҳушдор

сигнал тревоги

хучум

нападение

ҳамла

атака

хатар

опасность

баромадгоҳи таҳлиявӣ

запасной выход

Сӯхтор!

Пожар!

оташнишон

огнетушитель

садама

несчастный случай

дорукуттӣ

аптечка

бонги хатар

SOS

полис

милиция

Аврупо

Европа

Америкаи Шимолӣ

Северная Америка

Америкаи Ҷанубӣ

Южная Америка

Африка

Африка

Осиё

Азия

Австралия

Австралия

Уқёнуси Атлантик

Атлантический океан

Уқёнуси Ором

Тихий океан

Уқёнуси Ҳинд

Индийский океан

Уқёнуси Антарктика

Антарктический океан

Уқёнуси Арктика

Северный Ледовитый
океан

Қутби шимол

Северный полюс

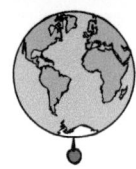

Қутби ҷануб

Южный полюс

Антарктика

Антарктика

замин

земля

замин

суша

баҳр

море

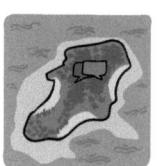

ҷазира

остров

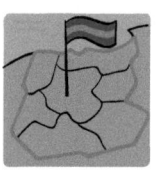

миллат

нация

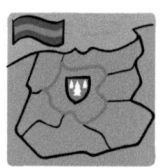

давлат

государство

сиферблат

циферблат

ақрабаки соат

часовая стрелка

ақрабаки дақиқашумор

минутная стрелка

ақрабаки сонияшумор

секундная стрелка

Соат чанд?

Который час?

рӯз

день

замон

время

ҳозир

сейчас

соати электронӣ

электронные часы

лаҳза

минута

соат

час

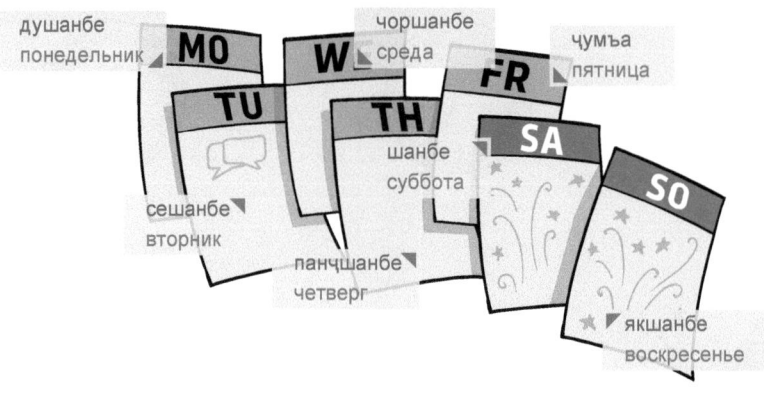

душанбе / понедельник
сешанбе / вторник
чоршанбе / среда
панҷшанбе / четверг
ҷумъа / пятница
шанбе / суббота
якшанбе / воскресенье

дирӯз

вчера

имрӯз

сегодня

фардо

завтра

пагоҳирӯзй

утро

нимрӯз

полдень

шом

вечер

MO	TU	WE	TH	FR	SA	SU
1	2	3	4	5	6	7
8	9	10	11	12	13	14
15	16	17	18	19	20	21
22	23	24	25	26	27	28
29	30	31	1	2	3	4

рӯзҳои корй

рабочие дни

MO	TU	WE	TH	FR	SA	SU
1	2	3	4	5	6	7
8	9	10	11	12	13	14
15	16	17	18	19	20	21
22	23	24	25	26	27	28
29	30	31	1	2	3	4

истироҳат

выходные

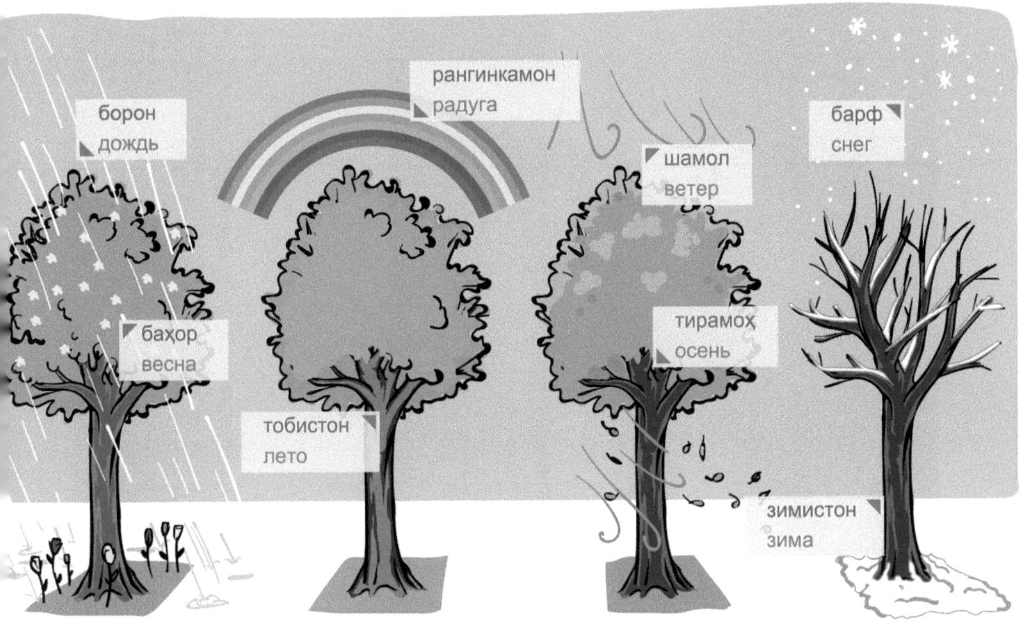

борон
дождь
рангинкамон
радуга
шамол
ветер
барф
снег
баҳор
весна
тирамоҳ
осень
тобистон
лето
зимистон
зима

4.APRIL 11°
5.APRIL 4°
6.APRIL 13°
7.APRIL 8°
8.APRIL 10°

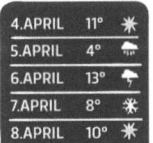

Обу ҳаво

прогноз погоды

F C
120 40
90 30
60 20
30 10
0 0
-30 -10
-20

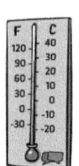

ҳароратсанҷ

термометр

равшании офтоб

солнечный свет

абр

туча

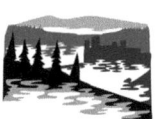

туман

туман

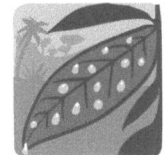

намнок

влажность воздуха

барқ

молния

тундар

гром

тӯфон

буря

жола

град

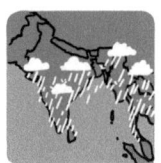

муссон

муссон

обхезӣ

наводнение

ях

лёд

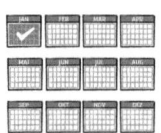

январ

январь

феврал

февраль

март

март

апрел

апрель

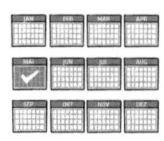

май

май

июн

июнь

июл

июль

август

август

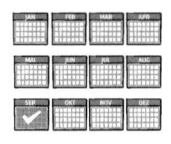

сентябр
....
сентябрь

октябр
....
октябрь

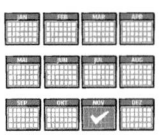

ноябр
....
ноябрь

декабр
....
декабрь

баст

формы

давра
....
круг

мураббаъ
....
квадрат

росткунья
....
прямоугольник

секунья
....
треугольник

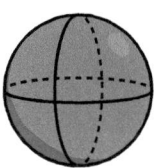

соњаи
....
шар

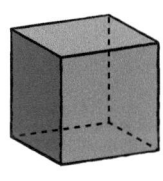

мукааб
....
куб

гулобӣ
....
белый

хокистаранг
....
желтый

зард
....
оранжевый

бунафшранг
....
розовый

сурх
....
красный

қаҳваранг
....
лиловый

кабуд
....
синий

сиёҳ
....
зелёный

кабуд
....
коричневый

сафед
....
серый

сабз
....
черный

бисёр/кам

много / мало

хашмгин / ором

яростный / мирный

зебо/безеб

красивый / уродливый

оғози / охири

начало / конец

калон/хурд

большой / маленький

дурахшон / торик

светлый / темный

бародари / хоҳар

брат / сестра

тоза/чиркин

чистый / грязный

пурра / нопурра

полный / неполный

рӯзи / шаб

день / ночь

мурдагон / зинда

мёртвый / живой

кушод/танг

широкий / узкий

хӯрданӣ /
хӯрданашаванда
съедобный / несъедобный

бад/нек

злой / дружелюбный

ба ҳаяҷон / дилгир

взволнованный /
скучающий

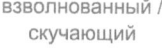

ғавс/борик

толстый / худой

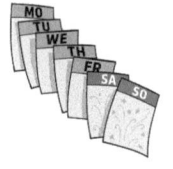

якум/охирин

сначала / в конце

Дӯсти / душмани

друг / враг

пур/холӣ

полный / пустой

сахт/мулоим

твёрдый / мягкий

вазнин/сабук

тяжёлый / легкий

гуруснагӣ / ташнагӣ

голод / жажда

бемор/солим

больной / здоровый

ғайриқонунӣ / ҳуқуқӣ

незаконный / законный

соҳибақл / беақл

умный / глупый

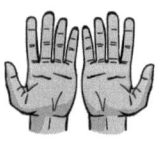

рост/чап

слева / справа

наздик/дур

близко / далеко

мухолифат - противоположности

нави / истифода бурда мешавад

новый / подержанный

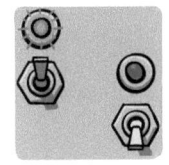

оид / хомӯш

включено / выключено

бой/камбағал

богатый / бедный

ғамгин/хушбахт

печальный / счастливый

тар/хушк

мокрый / сухой

ҳеҷ / чизе

ничто / нечто

кушода/пӯшида

открыто / закрыто

дуруст/нодуруст

правильный / неправильный

кӯтоҳ/дароз

короткий / длинный

гарм / сард

тёплый / прохладный

пир/ҷавон

старый / молодой

паст/баланд

тихо / громко

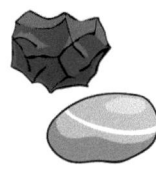

дурушт/ҳамвор

шероховатый / гладкий

оҳиста/тез

медленный / быстрый

ҷанг / сулҳ

война / мир

мухолифат - противоположности

0

нол

ноль

1

як

один

2

ду

два

3

се

три

4

чор

четыре

5

панҷ

пять

6

шаш

шесть

7

ҳафт

семь

8

ҳашт

восемь

9

нӯҳ

девять

10

даҳ

десять

11

ёздаҳ

одиннадцать

12

дувоздаҳ

двенадцать

13

сенздаҳ

тринадцать

14

чордаҳ

четырнадцать

15

понздаҳ

пятнадцать

16

шонздаҳ

шестнадцать

17

ҳабдаҳ

семнадцать

18

ҳаждаҳ

восемнадцать

19

нуздаҳ

девятнадцать

20

бист

двадцать

100

сад

сто

1.000

ҳазор

тысяча

1.000.000

миллион

миллион

англисӣ

английский

англисии амрикой

американский английский

мандарини хитой

мандаринский китайский

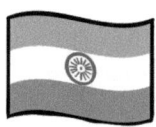

ҳиндӣ

хинди

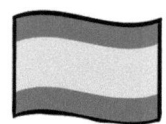

испанӣ

испанский

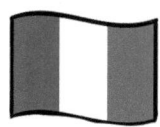

фаронсавӣ

французский

арабӣ

арабский

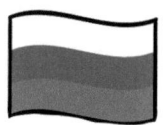

русӣ

русский

португалӣ

португальский

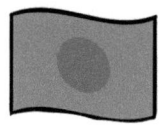

бенгалӣ

бенгальский

олмонӣ

немецкий

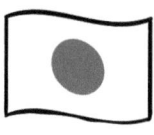

ҷопонӣ

японский

ман

я

шумо

ты

Ӯ / вай / он

он / она / оно

мо

мы

шумо

вы

онҳо

они

ки?

кто?

чӣ?

что?

Чӣ хел?

как?

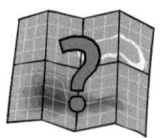

дар куҷо?

где?

кай?

когда?

ном

имя

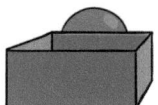

аз паси

за

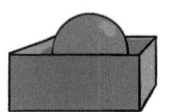

дар

в

дар пеши

перед

дар болои

над

дар рӯи

на

дар зери

под

дар назди

рядом

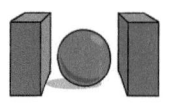

миёни

между

ҷой

место